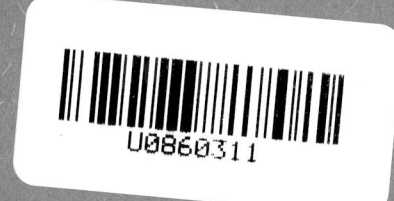

山西珍贵文物档案

3

山西博物院水陆画卷

山西省文物局 编

科学出版社
北京

图书在版编目（CIP）数据

山西珍贵文物档案. 3 / 山西省文物局编. —北京：科学出版社，2017.12
ISBN 978-7-03-056066-7

Ⅰ. ①山… Ⅱ. ①山… Ⅲ. ①文物–介绍–山西 Ⅳ. ①K872.25

中国版本图书馆CIP数据核字（2017）第314733号

责任编辑：张亚娜　樊　鑫 / 责任校对：邹慧卿
责任印制：肖　兴 / 书籍设计：李猛工作室

科学出版社 出版
北京东黄城根北街16号
邮政编码：100717
http://www.sciencep.com

北京华联印刷有限公司 印刷
科学出版社发行　各地新华书店经销
*
2017年12月第　一　版　开本：889 × 1194　1/16
2017年12月第一次印刷　印张：16
字数：130 000

定价：300.00元

《山西珍贵文物档案》编辑委员会

凡 例

1.《山西珍贵文物档案》（以下简称《档案》）是山西省境内国家机关、事业单位、国有企业及国有控股企业收藏的珍贵文物档案。内容包括收藏文物目录、文物基础信息及文物图片。

2.《档案》中的文物原则上是以历次经国家文物局、省文物局组织专家认定的珍贵文物，包含已在第一次全国可移动文物普查平台上备案的珍贵文物或在普查后新定级的珍贵文物。信息表中的“级”即为所认定珍贵文物的级别。

3. 珍贵文物分类原则上按照国家文物局馆藏分类标准来分类，信息表中以“类”表示。

4. 文物的基础信息包括文物名称，国家普查平台登录号，收藏单位，收藏单位原始编号（或辅助账号、发掘号），级别，分类，尺寸，年代，来源，入藏时间等10项内容。

5. 文物名称原则是依据第一次全国可移动文物普查定名标准定名，但部分文物的定名保留原始账号的名称。

6. 文物单位编号分收藏单位原始编号和国家普查平台登录号，表中“原”为收藏单位原始档案编号，“No”是国家可移动文物普查平台登录号。

7. 年代采用中国史学界公认的纪年，古人类和古脊椎动物化石地点使用地质年代，史前文物使用考古学年代、历史文物使用王朝年代，纪年确切的用公元纪年表示，个别判定不清年代的文物用“年代不详”表示。信息中的“代”是指文物本体的年代，各类文物年代按时代早晚顺序排列。

8. 信息表中的“源”是指现收藏单位获得文物的来源，“入”是指馆藏文物单位登记入库的时间。

9. 文物本体尺寸，依照第一次全国可移动文物普查的标准测量，信息表中的“cm”是指文物本体尺寸，以厘米计量。

《山西珍贵文物档案》编辑委员会

前 言

人类对文物艺术品的收藏由来已久，从私人收藏、欣赏、研究，发展到创办博物馆向公众开放，走过了悠悠数千年的漫长道路。文物藏品是博物馆工作的物质基础，妥善保护和管理博物馆藏品，并在此基础上拓展其用途，使之更好地为公众和社会发展服务，这应当是博物馆以及其他文物收藏单位藏品管理工作的出发点和落脚点。

博物馆藏品管理是伴随着博物馆的出现而“与生俱来”的，世界各国大都经历了对藏品认识的不断深化，不断走向规范化、制度化和科学化的发展过程。中国的博物馆事业与西方国家相比起步较晚，直到21世纪才步入了快速发展的新时期。1982年颁布的《中华人民共和国文物保护法》规定：“历史上各时代重要实物、艺术品、文献、手稿、图书资料、代表性实物等可移动文物，分为珍贵文物和一般文物；珍贵文物分为一级文物、二级文物、三级文物”；“博物馆、图书馆和其他文物收藏单位对收藏的文物，必须区分文物等级，设置藏品档案，建立严格的管理制度，并报主管的文物行政部门备案”。同时，对馆藏文物的调拨、举办展览、科学研究、借用、交换、处置、销售、拍卖、出境和馆藏文物的复制、拍摄、拓印也做出了具体规定；1986年文化部印发《博物馆藏品管理办法》，进一步规定“博物馆对藏品负有科学管理、科学保护、整理研究、公开展出和提供使用（对社会主要是提供展品资料、研究成果）的责任”，要求保管工作必须做到“制度健全、账目清楚、鉴定确切、编目详明、保管妥善、查用方便”。国家法律和规章的出台，使可移动文物的保护管理逐步纳入法制化轨道。

2012年2月，《国家“十二五”文化改革发展规划纲要》明确提出“健全文物普查、登记、建档、认定制度，开展可移动文物普查，编制国家珍贵文物名录”。2012年10月，国务院印发《关于开展第一次全国可移动文物普查的通知》。2013年3月，国家普查领导小组办公室向全国印发了《第一次全国可移动文物普查实施方案》。在国家文物局的具体组织下，各级国家机关、事业单位、国有企业及国有控股企业、人民解放军及武警部队按照统一部署，展开了为时5年的国有文物普查工作，共调查102万个国有单位，普查可移动文物计10815万件/套，其中按照普查统一标准登录文物完整信息的有2661万件/套（实际数量6407万件）。这次普查工作，摸清了我国可移动文物资源的总体情况，新发现一批重要文物，建立起国家文物身份证制度，建设了全国文物资源数据库，为健全国家文物资源管理机制，夯实文物基础工作，全面提升文物保护管理水平奠定了坚实基础。

山西是全国文物大省之一，1919年设立了山西教育图书博物馆，是创建博物馆较早的省份。新中国成立以后，特别是改革开放和21世纪以来，全省博物馆事业得到了快速发展，大量新出土文物、社会征集文物入藏各级国有博物馆和其他文物收藏单位，越来越多的现代化博物馆逐步建成，为馆藏文物的保护、研究、展示、文化传播提供了前所未有的条件和基础。但不容忽视的是，也有许多文物收藏单位，因专业力量薄弱、保藏条件有限，藏品管理存在管理理念落后，管理职责不明，制度规范落实不到位，藏品记录不完备，文物分级管理底数不清，档案缺失等诸多问题，给馆藏文物的依法管理、文物藏品的展示利用、文物安全和责任追究带来很多困难和问题。就山西而言，在“一普”之前，珍贵文物的底数始终不清晰，有记载的鉴定定级工作大致如下：

20世纪80年代以前，全省博物馆数量较少，除几个省市级博物馆自行做过一些鉴定定级工作外，没有开展过全省范围的鉴定定级工作。1987～1989年，省文物局组织开展了一次全省文物系统馆藏文物的鉴定定级工作，对全省文物收藏单位进行文物建档起到了积极的推动作用，遗憾的是，鉴定结束后未形成文件下发收藏单位。1997～1998年，国家文物局组织文物鉴定委员会专家对我省的鉴定定级成果进行了一次系统梳理和专业确认，奠定了我省珍贵文物定级的基础和范例。2001～2006年，我省承担财政部、国家文物局馆藏文物数字化和数据库建设试点任务，对录入数据库的120万件文物进行了核查，补充了部分珍贵文物信息资料，编印了《山西馆藏一级文物》图录，上报国家文物局备案。

2012～2016年开展的第一次全国可移动文物普查，是山西全省范围内开展的规模最大、时间最久、效果最好的可移动文物管理的基础性工作。41316家在晋国家机关、事业单位、国有企业及国有控股企业都纳入了此次普查范围。核定文物收藏单位413家，认定并登录文物数据653100多条（件/套），实际文物320多万件，其中珍贵文物近6万件。

珍贵文物是所有文物藏品中的重中之重。在普查后期开展的数据核查过程中，我们清楚地认识到，我省现有珍贵文物在鉴定定级记录、收藏档案记录、账实是否相符、信息是否完备等方面还存在一些问题，我们有责任按照《中华人民共和国文物保护法》的要求，继续对珍贵文物的收藏情况、鉴定定级情况、信息记录资料、收藏流转情况等做出进一步核对和完善，并及时将文物档案的主要信息公之于众，以提升公共文化服务的能力和水平。

文物承载灿烂文明，传承历史文化，维系民族精神，是老祖宗留给我们的宝贵遗产，是加强社会主义精神文明建设的深厚滋养。保护好、管理好、利用好、传承好历史文物，是新时代社会主义文博工作的重大使命。为了实现这一目标，我省经过认真分析研究，决定在加强管理的基础上，按照现行管理体制，由省级到市县，从一级文物入手，然后二级、三级，逐步整理、编辑出版《山西珍贵文物档案》（以下简称《档案》），同时利用编印《档案》的任务压力，反过来助推藏品日常管理的精细化和藏品档案的建立健全。我们希望这套《档案》能成为全省文物单位依法保护、管理、利用珍贵文物的工具书，同时也能有利于文物信息的社会共享，起到公共文化服务的积极作用。

编辑出版文物档案，没有先例可循，我们只是因着粗浅的认识和责任担当意识抛砖引玉，为全国同行探路试水，因此缺点和错误定所难免。真诚希望国家文物局和专家学者批评指正，使我们在今后的工作中不断改进。

宁立新

目 录

明 毗卢舍那佛水陆画轴

No 140109218000161 0010994

藏 山西博物院

原 63.B.1069

级 一级

类 书法、绘画

代 明

cm 纵 146，横 77

源 1955 年从山西省右玉县宝宁寺征集

入 1963 年

明 卢舍那佛水陆画轴

No 1401092180001610010990
藏 山西博物院
原 63.B.1073
级 一级
类 书法、绘画
代 明
cm 纵 150，横 77
源 1955 年从山西省右玉县宝宁寺征集
入 1963 年

明 释迦牟尼佛水陆画轴

No 1401092180001610010931

藏 山西博物院

原 63.B.1132

级 一级

类 书法、绘画

代 明

cm 纵 145，横 76

源 1955 年从山西省右玉县宝宁寺征集

入 1963 年

明 宝生佛水陆画轴

No 140109218000161001l055

藏 山西博物院

原 63.B.1010

级 一级

类 书法、绘画

代 明

cm 纵 145，横 76

源 1955 年从山西省右玉县宝宁寺征集

入 1963 年

明 阿閦佛水陆画轴

No 1401092180001610011053

藏 山西博物院

原 63.B.1012

级 一级

类 书法、绘画

代 明

cm 纵 147，横 76

源 1955 年从山西省右玉县宝宁寺征集

入 1963 年

明 成就佛水陆画轴

No 1401092180001610011051

藏 山西博物院

原 63.B.1014

级 一级

类 书法、绘画

代 明

cm 纵 149，横 76

源 1955 年从山西省右玉县宝宁寺征集

入 1963 年

明 阿弥陀佛水陆画轴

No 14010921800016100109322

藏 山西博物院

原 63.B.1131

级 一级

类 书法、绘画

代 明

cm 纵 147，横 76

源 1955 年从山西省右玉县宝宁寺征集

入 1963 年

明 阿弥陀佛水陆画轴

No 1401092180001610010992
藏 山西博物院
原 63.B.1071
级 一级
类 书法、绘画
代 明
cm 纵 145，横 76
源 1955 年从山西省右玉县宝宁寺征集
入 1963 年

明 佛水陆画轴

- No 1401092180001610010988
- 藏 山西博物院
- 原 63.B.1075
- 级 一级
- 类 书法、绘画
- 代 明
- cm 纵 139，横 76
- 源 1955 年从山西省右玉县宝宁寺征集
- 入 1963 年

明 文殊菩萨水陆画轴

No 1401092180001610010930

藏 山西博物院

原 63.B.1133

级 一级

类 书法、绘画

代 明

cm 纵 122，横 63

源 1955 年从山西省右玉县宝宁寺征集

入 1963 年

明 观音菩萨水陆画轴

No 1401092180001610010928
藏 山西博物院
原 63.B.1135
级 一级
类 书法、绘画
代 明
cm 纵 126，横 62
源 1955 年从山西省右玉县宝宁寺征集
入 1963 年

明 普贤菩萨水陆画轴

- No 14010921800016100109290
- 藏 山西博物院
- 原 63.B.1134
- 级 一级
- 类 书法、绘画
- 代 明
- cm 纵 126，横 62
- 源 1955 年从山西省右玉县宝宁寺征集
- 入 1963 年

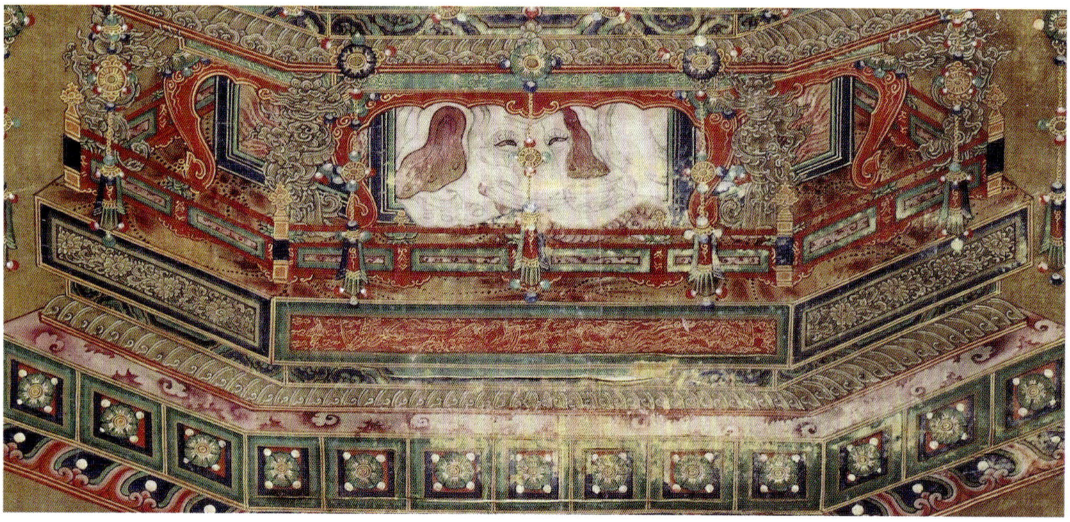

明 地藏菩萨水陆画轴

No 1401092180001610010927
藏 山西博物院
原 63.B.1136
级 一级
类 书法、绘画
代 明
cm 纵 125，横 62
源 1955 年从山西省右玉县宝宁寺征集
入 1963 年

明 菩萨水陆画轴

No 1401092180001610010924

藏 山西博物院

原 63.B.1139

级 一级

类 书法、绘画

代 明

cm 纵 125，横 61

源 1955 年从山西省右玉县宝宁寺征集

入 1963 年

明 菩萨水陆画轴

- No 14010921800016100010922
- 藏 山西博物院
- 原 63.B.1141
- 级 一级
- 类 书法、绘画
- 代 明
- cm 纵 125，横 61
- 源 1955 年从山西省右玉县宝宁寺征集
- 入 1963 年

明 菩萨水陆画轴

No 14010921800016100109 25

藏 山西博物院

原 63.B.1138

级 一级

类 书法、绘画

代 明

cm 纵 125，横 62

源 1955 年从山西省右玉县宝宁寺征集

入 1963 年

明 菩萨水陆画轴

No 14010921800001610010926

藏 山西博物院

原 63.B.1137

级 一级

类 书法、绘画

代 明

cm 纵 125，横 62

源 1955 年从山西省右玉县宝宁寺征集

入 1963 年

明 菩萨水陆画轴

- No 1401092180001610010921
- 藏 山西博物院
- 原 63.B.1142
- 级 一级
- 类 书法、绘画
- 代 明
- cm 纵 125，横 61
- 源 1955 年从山西省右玉县宝宁寺征集
- 入 1963 年

明 菩萨水陆画轴

No 1401092180001610010923
藏 山西博物院
原 63.B.1140
级 一级
类 书法、绘画
代 明
cm 纵 125，横 61
源 1955 年从山西省右玉县宝宁寺征集
入 1963 年

明 大威德大笑明王水陆画轴

No 14010921800016l0010995
藏 山西博物院
原 63.B.1068
级 一级
类 书法、绘画
代 明
cm 纵 122，横 61
源 1955 年从山西省右玉县宝宁寺征集
入 1963 年

右第一大威
德大笑明王

明 大威德步掷明王水陆画轴

No 14010921800016100109993

藏 山西博物院

原 63.B.1070

级 一级

类 书法、绘画

代 明

cm 纵 121，横 63

源 1955 年从山西省右玉县宝宁寺征集

入 1963 年

右第二大威
德步擲明王

3

明 大威德大力明王水陆画轴

No 14010921800016100l0991

藏 山西博物院

原 63.B.1072

级 一级

类 书法、绘画

代 明

cm 纵 122，横 63

源 1955 年从山西省右玉县宝宁寺征集

入 1963 年

右第三大威
德大力明王

明 大威德不动尊明王水陆画轴

- No 14010921800016100109
- 藏 山西博物院
- 原 63.B.1074
- 级 一级
- 类 书法、绘画
- 代 明
- cm 纵 122，横 63
- 源 1955 年从山西省右玉县宝宁寺征集
- 入 1963 年

明 大威德变现忿怒大轮明王水陆画轴

No 14010921800016100109 87

藏 山西博物院

原 63.B.1076

级 一级

类 书法、绘画

代 明

cm 纵 121.5，横 62

源 1955 年从山西省右玉县宝宁寺征集

入 1963 年

明 大威德焰发德迦明王水陆画轴

- No 1401092180001610011057
- 藏 山西博物院
- 原 63.B.1008
- 级 一级
- 类 书法、绘画
- 代 明
- cm 纵 122，横 63
- 源 1955 年从山西省右玉县宝宁寺征集
- 入 1963 年

明 大威德无能胜明王水陆画轴

No 1401092180001610011056

藏 山西博物院

原 63.B.1009

级 一级

类 书法、绘画

代 明

cm 纵 122，横 63

源 1955 年从山西省右玉县宝宁寺征集

入 1963 年

明 大威德马首明王水陆画轴

- No 1401092180001610011054
- 藏 山西博物院
- 原 63.B.1011
- 级 一级
- 类 书法、绘画
- 代 明
- cm 纵 120，横 62
- 源 1955 年从山西省右玉县宝宁寺征集
- 入 1963 年

明 大威德甘露军吒明王
水陆画轴

No 1401092180001610011052

藏 山西博物院

原 63.B.1013

级 一级

类 书法、绘画

代 明

cm 纵 120，横 62

源 1955 年从山西省右玉县宝宁寺征集

入 1963 年

明 大威德降三世明王众水陆画轴

No 1401092180001610011050

藏 山西博物院

原 63.B.1015

级 一级

类 书法、绘画

代 明

cm 纵 123，横 63

源 1955 年从山西省右玉县宝宁寺征集

入 1963 年

明 跋罗堕尊者、伽伐蹉尊者
水陆画轴

No 14010921800016100 11049
藏 山西博物院
原 63.B.1016
级 一级
类 书法、绘画
代 明
cm 纵 119，横 62
源 1955 年从山西省右玉县宝宁寺征集
入 1963 年

左第六跋羅陁尊者
伽伐䟦尊者

明 诺矩罗尊者、跋陀罗尊者水陆画轴

No 14010921800016100111048

藏 山西博物院

原 63.B.1017

级 一级

类 书法、绘画

代 明

cm 纵 121，横 62

源 1955 年从山西省右玉县宝宁寺征集

入 1963 年

左第七諾矩羅尊者
跋陀羅尊者

明 戌博迦尊者、伴诺迦尊者水陆画轴

No 1401092180001610011047

藏 山西博物院

原 63.B.1018

级 一级

类 书法、绘画

代 明

cm 纵 120，横 62

源 1955 年从山西省右玉县宝宁寺征集

入 1963 年

明 因迦陀尊者、伐那波斯尊者水陆画轴

No 14010921800016100110 46

藏 山西博物院

原 63.B.1019

级 一级

类 书法、绘画

代 明

cm 纵 120，横 62

源 1955 年从山西省右玉县宝宁寺征集

入 1963 年

明 诺迦跋哩陀尊者、苏频陀尊者水陆画轴

No 1401092180001610010986

藏 山西博物院

原 63.B.1077

级 一级

类 书法、绘画

代 明

cm 纵 125，横 62

源 1955 年从山西省右玉县宝宁寺征集

入 1963 年

明 迦力迦尊者、佛陀罗尊者水陆画轴

- No 1401092180001610010985
- 藏 山西博物院
- 原 63.B.1078
- 级 一级
- 类 书法、绘画
- 代 明
- cm 纵 125，横 61
- 源 1955 年从山西省右玉县宝宁寺征集
- 入 1963 年

明 罗怙罗尊者、耶迦犀尊者水陆画轴

No 1401092180001610010984

藏 山西博物院

原 63.B.1079

级 一级

类 书法、绘画

代 明

cm 纵 119，横 61

源 1955 年从山西省右玉县宝宁寺征集

入 1963 年

明 阿氏多尊者、荼畔咤迦尊者水陆画轴

- No 140109218000161001098З
- 藏 山西博物院
- 原 63.B.1080
- 级 一级
- 类 书法、绘画
- 代 明
- cm 纵 120，横 61
- 源 1955 年从山西省右玉县宝宁寺征集
- 入 1963 年

右第九
阿氏多尊者
荼畔吒迦尊者

明 天龙八部诸神众水陆画轴

No 1401092180001610011045
藏 山西博物院
原 63.B.1020
级 一级
类 书法、绘画
代 明
cm 纵 120，横 63
源 1955 年从山西省右玉县宝宁寺征集
入 1963 年

明 卫法神王婆罗门仙等众水陆画轴

No 1401092180001610011044

藏 山西博物院

原 63.B.1021

级 一级

类 书法、绘画

代 明

cm 纵 120，横 63

源 1955 年从山西省右玉县宝宁寺征集

入 1963 年

婆羅門仙㭍衆
左第十二衛法神王

明 天藏菩萨水陆画轴

No 14010921800016100011043

藏 山西博物院

原 63.B.1022

级 一级

类 书法、绘画

代 明

cm 纵 120，横 62

源 1955 年从山西省右玉县宝宁寺征集

入 1963 年

明　无色界四空天诸天众水陆画轴

- No 1401092180001610011042
- 藏 山西博物院
- 原 63.B.1023
- 级 一级
- 类 书法、绘画
- 代 明
- cm 纵 120，横 61
- 源 1955 年从山西省右玉县宝宁寺征集
- 入 1963 年

明 色界四禅非非想大梵天主众水陆画轴

- No 1401092180001610011041
- 藏 山西博物院
- 入 63.B.1024
- 级 一级
- 类 书法、绘画
- 代 明
- cm 纵 119，横 62
- 源 1955 年从山西省右玉县宝宁寺征集
- 入 1963 年

非想大梵天王衆
左第十五色界四禅非

明 大梵天无色界上四天并诸天众水陆画轴

No 140109218000161001104O

藏 山西博物院

原 63.B.1025

级 一级

类 书法、绘画

代 明

cm 纵 119，横 62

源 1955 年从山西省右玉县宝宁寺征集

入 1963 年

上四天并諸天衆
十六大梵無色

明 大梵天主诸神众水陆画轴

No 14010921800016100110 39

藏 山西博物院

原 63.B.1026

级 一级

类 书法、绘画

代 明

cm 纵 117，横 62

源 1955 年从山西省右玉县宝宁寺征集

入 1963 年

明 忉利帝释天主众水陆画轴

- No 140109218000161001 1038
- 藏 山西博物院
- 原 63.B.1027
- 级 一级
- 类 书法、绘画
- 代 明
- cm 纵 116，横 62
- 源 1955 年从山西省右玉县宝宁寺征集
- 入 1963 年

明 欲界十二天主诸天众水陆画轴

No 1401092180001610011037

藏 山西博物院

原 63.B.1028

级 一级

类 书法、绘画

代 明

cm 纵 117，横 62

源 1955 年从山西省右玉县宝宁寺征集

入 1963 年

明 北方护世大药叉主多闻天王、南方护世鸠槃荼主增长天王、西方护世大龙王主广目天王、东方护世乾闼婆主持国天王水陆画轴

No 1401092180001610011036

藏 山西博物院

原 63.B.1029

级 一级

类 书法、绘画

代 明

cm 纵 117，横 62

源 1955 年从山西省右玉县宝宁寺征集

入 1963 年

明 大威德菩萨众水陆画轴

No 1401092180001610011034

藏 山西博物院

原 63.B.1030

级 一级

类 书法、绘画

代 明

cm 纵 117，横 61

源 1955 年从山西省右玉县宝宁寺征集

入 1963 年

明 北极紫微大帝众水陆画轴

No 140109218000161001 1033

藏 山西博物院

原 63.B.1031

级 一级

类 书法、绘画

代 明

cm 纵 117，横 61

源 1955 年从山西省右玉县宝宁寺征集

入 1963 年

明 星主宿主清凉照夜月宫天子、百明利生千光破暗日宫天子诸神众水陆画轴

No 1401092180001610011032

藏 山西博物院

原 63.B.1032

级 一级

类 书法、绘画

代 明

cm 纵 118，横 61

源 1955 年从山西省右玉县宝宁寺征集

入 1963 年

明 太乙诸神众水陆画轴

- No 14010921800016100110 31
- 藏 山西博物院
- 原 63.B.1033
- 级 一级
- 类 书法、绘画
- 代 明
- cm 纵 117，横 61
- 源 1955 年从山西省右玉县宝宁寺征集
- 入 1963 年

明 五方五帝众水陆画轴

- No 1401092180001610011030
- 藏 山西博物院
- 原 63.B.1034
- 级 一级
- 类 书法、绘画
- 代 明
- cm 纵 117，横 64
- 源 1955 年从山西省右玉县宝宁寺征集
- 入 1963 年

明 太阳木星火星金星水星土星真君水陆画轴

No 1401092180001610011029

藏 山西博物院

原 63.B.1035

级 一级

类 书法、绘画

代 明

cm 纵 118，横 62

源 1955 年从山西省右玉县宝宁寺征集

入 1963 年

明 太阴罗睺计都紫气月孛星君众水陆画轴

- No 1401092180001610011028
- 藏 山西博物院
- 原 63.B.1036
- 级 一级
- 类 书法、绘画
- 代 明
- cm 纵 117，横 61
- 源 1955 年从山西省右玉县宝宁寺征集
- 入 1963 年

計都紫炁月孛星君衆
左第三十六太陰羅睺

明 宝瓶金牛天蝎巨蟹磨羯宫神水陆画轴

- No 140109218000161001 1027
- 藏 山西博物院
- 原 63.B.1037
- 级 一级
- 类 书法、绘画
- 代 明
- cm 纵 117，横 62
- 源 1955 年从山西省右玉县宝宁寺征集
- 入 1963 年

明 天马天秤双女双鱼白羊狮子神水陆画轴

- No 1401092180001610011026
- 藏 山西博物院
- 原 63.B.1038
- 级 一级
- 类 书法、绘画
- 代 明
- cm 纵 117，横 60
- 源 1955 年从山西省右玉县宝宁寺征集
- 入 1963 年

明 子丑寅卯辰巳元神君众水陆画轴

No 1401092180001610011025
藏 山西博物院
原 63.B.1039
级 一级
类 书法、绘画
代 明
cm 纵 117，横 60
源 1955 年从山西省右玉县宝宁寺征集
入 1963 年

卯辰巳元神君衆
左第二十九子丑寅六

明 午未申酉戌亥十二元辰星君水陆画轴

- No 1401092180001610011023
- 藏 山西博物院
- 原 63.B.1040
- 级 一级
- 类 书法、绘画
- 代 明
- cm 纵 117，横 61
- 源 1955 年从山西省右玉县宝宁寺征集
- 入 1963 年

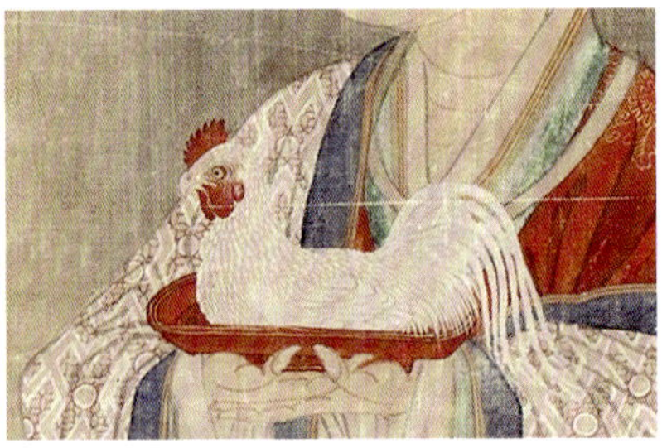

戌亥十二元辰星君
左第三十午未申酉

明 角亢氐房心尾箕星君水陆画轴

No 14010921800016100 11022
藏 山西博物院
原 63.B.1041
级 一级
类 书法、绘画
代 明
cm 纵 117，横 61
源 1955 年从山西省右玉县宝宁寺征集
入 1963 年

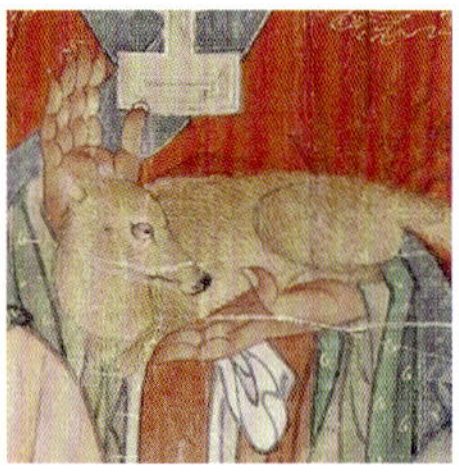
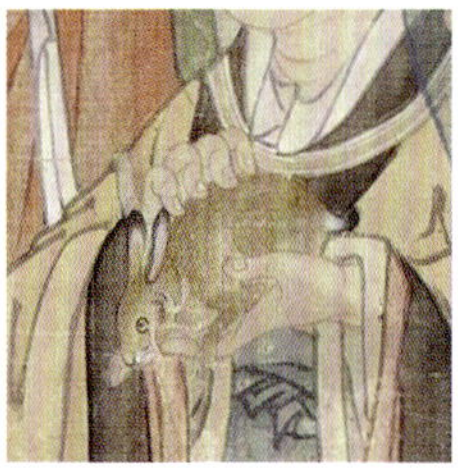

房心尾箕星君
左第三十一角亢氐

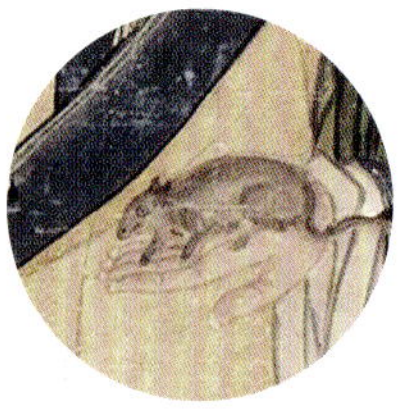

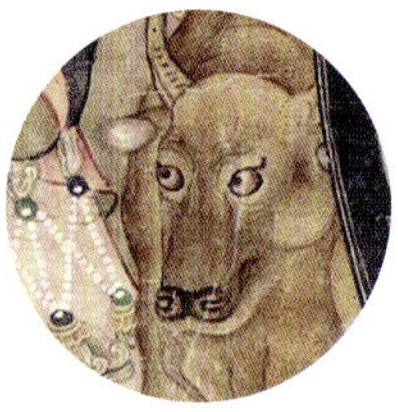

明 斗牛女虚危室壁星君水陆画轴

No 14010921800016100 11021

藏 山西博物院

原 63.B.1042

级 一级

类 书法、绘画

代 明

cm 纵 119，横 62

源 1955 年从山西省右玉县宝宁寺征集

入 1963 年

明 奎娄胃昴毕觜参星君水陆画轴

- No 140109218000161001102 0
- 藏 山西博物院
- 原 63.B.1043
- 级 一级
- 类 书法、绘画
- 代 明
- cm 纵 118，横 63
- 源 1955 年从山西省右玉县宝宁寺征集
- 入 1963 年

昴畢觜參星君
左第三十三奎婁胃

明 井鬼柳星张翼轸星君水陆画轴

- No 1401092180001610011019
- 藏 山西博物院
- 原 63.B.1044
- 级 一级
- 类 书法、绘画
- 代 明
- cm 纵 118，横 61
- 源 1955 年从山西省右玉县宝宁寺征集
- 入 1963 年

明 北斗七元左辅右弼众水陆画轴

No 1401092180001610011018
藏 山西博物院
原 63.B.1045
级 一级
类 书法、绘画
代 明
cm 纵 117，横 61
源 1955 年从山西省右玉县宝宁寺征集
入 1963 年

北斗七元左輔右弼衆
位第三十五

明 普天烈曜一切星君诸神众水陆画轴

No 1401092180001610011017
藏 山西博物院
原 63.B.1046
级 一级
类 书法、绘画
代 明
cm 纵 117，横 61
源 1955 年从山西省右玉县宝宁寺征集
入 1963 年

曜一切星君諸神衆
左第三十六普天烈

明 匡野四将神祇等众水陆画轴

No 1401092180001610011016

藏 山西博物院

原 63.B.1047

级 一级

类 书法、绘画

代 明

cm 纵 119，横 63

源 1955 年从山西省右玉县宝宁寺征集

入 1963 年

神祇等衆
十七匡野四

明 天地水府三官大帝众水陆画轴

No 1401092180001610011015
藏 山西博物院
原 63.B.1048
级 一级
类 书法、绘画
代 明
cm 纵 119，横 63
源 1955 年从山西省右玉县宝宁寺征集
入 1963 年

左第三十八天地水
府三官大帝衆

明 天蓬天猷翊圣玄武真君水陆画轴

- No 1401092180001610011014
- 藏 山西博物院
- 原 63.B.1049
- 级 一级
- 类 书法、绘画
- 代 明
- cm 纵 119，横 62
- 源 1955 年从山西省右玉县宝宁寺征集
- 入 1963 年

明 天曹府君天曹掌禄主算判官诸司判官等众水陆画轴

- No 14010921800016100l1013
- 藏 山西博物院
- 原 63.B.1050
- 级 一级
- 类 书法、绘画
- 代 明
- cm 纵 117，横 60
- 源 1955 年从山西省右玉县宝宁寺征集
- 入 1963 年

主筭判官諸司判官等衆
第四十天曹府君天曹掌祿

明 大阿修罗王诸神众水陆画轴

No 1401092180001610011012
藏 山西博物院
原 63.B.1051
级 一级
类 书法、绘画
代 明
cm 纵 119，横 61
源 1955 年从山西省右玉县宝宁寺征集
入 1963 年

左第四十二大阿修
羅王諸神衆

明 年月日时四直功曹使者水陆画轴

No 1401092180001610011011
藏 山西博物院
原 63.B.1052
级 一级
类 书法、绘画
代 明
cm 纵 118，横 62
源 1955 年从山西省右玉县宝宁寺征集
入 1963 年

時四直功曹使者
左第四十二 年 月 日

明 鬼子母罗刹诸神众水陆画轴

No 1401092180001610011010
藏 山西博物院
原 63.B.1053
级 一级
类 书法、绘画
代 明
cm 纵 119，横 62
源 1955 年从山西省右玉县宝宁寺征集
入 1963 年

羅刹諸神衆
左第四十三鬼子母

明 阿利帝母大罗刹诸神众水陆画轴

No 140109218000161OO11009

藏 山西博物院

原 63.B.1054

级 一级

类 书法、绘画

代 明

cm 纵 120，横 61

源 1955 年从山西省右玉县宝宁寺征集

入 1963 年

女天羅刹諸神衆
左第四十四阿利帝

明 大圣引路王菩萨众水陆画轴

No 1401092180001610011008

藏 山西博物院

原 63.B.1055

级 一级

类 书法、绘画

代 明

cm 纵 118，横 62

源 1955 年从山西省右玉县宝宁寺征集

入 1963 年

第四十六大聖引
路王菩薩眾

明 八大金刚诸神众水陆画轴

No 1401092180001610010973

藏 山西博物院

原 63.B.1090

级 一级

类 书法、绘画

代 明

cm 纵 119，横 61

源 1955 年从山西省右玉县宝宁寺征集

入 1963 年

右第十
八大金剛諸神衆

明 随其所求令得成就大功德天特尊之主居色顶天摩醯首罗众水陆画轴

No 1401092180001610010982

藏 山西博物院

原 63.B.1081

级 一级

类 书法、绘画

代 明

cm 纵 122，横 63

源 1955 年从山西省右玉县宝宁寺征集

入 1963 年

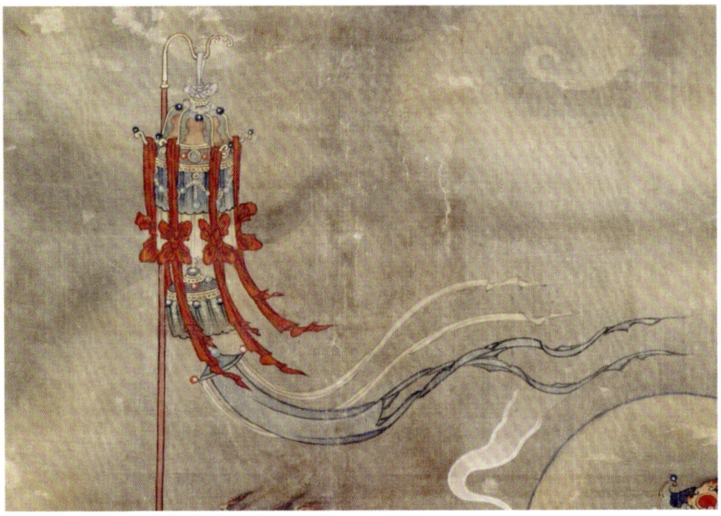

右第十一隨其所求令得成就大德
天特尊之主居色頂天摩醯首羅衆

明 金刚密迹等众水陆画轴

No 1401092180001610010981

藏 山西博物院

原 63.B.1082

级 一级

类 书法、绘画

代 明

cm 纵 122，横 61

源 1955 年从山西省右玉县宝宁寺征集

入 1963 年

右第十一
金刚密迹等众

明　二十八部统领鬼神散脂大将众、殷忧四部外三洲韦驮尊天众水陆画轴

No 14010921800016l0010980

藏 山西博物院

原 63.B.1083

级 一级

类 书法、绘画

代 明

cm 纵 122，横 63

源 1955 年从山西省右玉县宝宁寺征集

入 1963 年

明 持地菩萨众水陆画轴

No 14010921800016100109791

藏 山西博物院

原 63.B.1084

级 一级

类 书法、绘画

代 明

cm 纵 121，横 61

源 1955 年从山西省右玉县宝宁寺征集

入 1963 年

右第十三
持地菩薩衆

明 九天后土圣母诸神众水陆画轴

No 1401092180001610010978

藏 山西博物院

原 63.B.1085

级 一级

类 书法、绘画

代 明

cm 纵 119，横 61

源 1955 年从山西省右玉县宝宁寺征集

入 1963 年

明 东岳天齐仁圣帝水陆画轴

No 1401092180001610010977

藏 山西博物院

原 63.B.1086

级 一级

类 书法、绘画

代 明

cm 纵 118，横 61

源 1955 年从山西省右玉县宝宁寺征集

入 1963 年

右第十五
東嶽天齊仁聖帝

明 南岳司天化昭圣帝、中岳中天大宁崇圣帝水陆画轴

No 1401092180001610010976
藏 山西博物院
原 63.B.1087
级 一级
类 书法、绘画
代 明
cm 纵 117，横 62
源 1955 年从山西省右玉县宝宁寺征集
入 1963 年

右第十六
南嶽司天化昭聖帝
中山嶽中天大寧崇聖帝

明 西岳金天顺圣帝、北岳安天元圣帝水陆画轴

No 140109218000161001097５

藏 山西博物院

原 63.B.1088

级 一级

类 书法、绘画

代 明

cm 纵 118，横 62

源 1955 年从山西省右玉县宝宁寺征集

入 1963 年

右第十七
西嶽金天順聖帝
北嶽安天元聖帝

明 秘藏法宝主执群龙娑竭罗龙王众水陆画轴

- No 140109218000161001 0974
- 藏 山西博物院
- 原 63.B.1089
- 级 一级
- 类 书法、绘画
- 代 明
- cm 纵 117，横 61
- 源 1955 年从山西省右玉县宝宁寺征集
- 入 1963 年

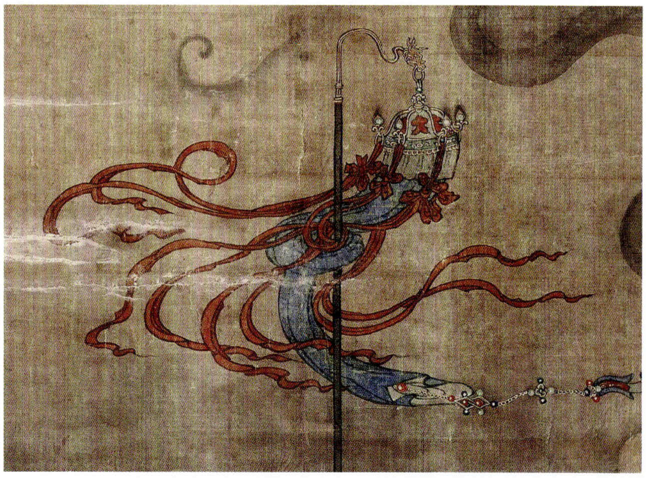

右後第十七秘藏法
寶主執群龍娑竭羅龍王衆

明 增长出生证明功德坚牢地神助杨正法诃利帝喃诸神众水陆画轴

No 1401092180001610010972

藏 山西博物院

原 63.B.1091

级 一级

类 书法、绘画

代 明

cm 纵 118，横 64

源 1955 年从山西省右玉县宝宁寺征集

入 1963 年

明 行日月前救兵戈难摩利支天诸神众水陆画轴

No 1401092180001610010971

藏 山西博物院

原 63.B.1092

级 一级

类 书法、绘画

代 明

cm 纵 118，横 62

源 1955 年从山西省右玉县宝宁寺征集

入 1963 年

明 四海龙王诸神众水陆画轴

No 1401092180001610010970

藏 山西博物院

原 63.B.1093

级 一级

类 书法、绘画

代 明

cm 纵 118，横 62

源 1955 年从山西省右玉县宝宁寺征集

入 1963 年

右第二十
四海龍王諸神衆

明 江河淮济四渎诸神众水陆画轴

No 14010921800016l0010969

藏 山西博物院

原 63.B.1094

级 一级

类 书法、绘画

代 明

cm 纵 120，横 64

源 1955 年从山西省右玉县宝宁寺征集

入 1963 年

二十一江河淮
瀆諸神衆

明 五湖百川诸龙神等众水陆画轴

No 14010921800016100109 68

藏 山西博物院

原 63.B.1095

级 一级

类 书法、绘画

代 明

cm 纵 117，横 61

源 1955 年从山西省右玉县宝宁寺征集

入 1963 年

右第二十二五湖百川
諸龍神等衆

明 陂池井泉诸龙神众水陆画轴

No 1401092180001610010967

藏 山西博物院

原 63.B.1096

级 一级

类 书法、绘画

代 明

cm 纵 118，横 61

源 1955 年从山西省右玉县宝宁寺征集

入 1963 年

明 主风主雨主雷主电风伯雨师众水陆画轴

No 1401092180001610010966

藏 山西博物院

原 63.B.1097

级 一级

类 书法、绘画

代 明

cm 纵 117，横 62

源 1955 年从山西省右玉县宝宁寺征集

入 1963 年

右第二十四主風主雨主
雷主電風伯雨師衆

明 主苗主稼主病主药五谷神众水陆画轴

No 1401092180001610010965
藏 山西博物院
原 63.B.1098
级 一级
类 书法、绘画
代 明
cm 纵 117，横 61
源 1955 年从山西省右玉县宝宁寺征集
入 1963 年

明 守斋护戒诸龙神众水陆画轴

No 1401092180001610010964

藏 山西博物院

原 63.B.1099

级 一级

类 书法、绘画

代 明

cm 纵 118，横 61

源 1955 年从山西省右玉县宝宁寺征集

入 1963 年

右第二十六守齋護
戒諸龍神衆

明 下元水府三官大帝众水陆画轴

No 14010921800016l0010963

藏 山西博物院

原 63.B.1100

级 一级

类 书法、绘画

代 明

cm 纵 117，横 61

源 1955 年从山西省右玉县宝宁寺征集

入 1963 年

明 顺济龙王安济夫人诸龙神众图轴

No 1401092180001610010962
藏 山西博物院
原 63.B.1101
级 一级
类 书法、绘画
代 明
cm 纵 117，横 61
源 1955 年从山西省右玉县宝宁寺征集
入 1963 年

右第二十八順濟龍王
安濟夫人諸龍神衆

明 太岁天子大煞博士日游太阴诸神众水陆画轴

No 1401092180001610010961

藏 山西博物院

原 63.B.1102

级 一级

类 书法、绘画

代 明

cm 纵 117，横 62

源 1955 年从山西省右玉县宝宁寺征集

入 1963 年

右第二十九太歲天子大
煞博士日遊太陰諸神衆

明 大将军黄幡豹尾白虎金神青羊乌鸡众水陆画轴

No 1401092180001610010960

藏 山西博物院

原 63.B.1103

级 一级

类 书法、绘画

代 明

cm 纵 117，横 61

源 1955 年从山西省右玉县宝宁寺征集

入 1963 年

明 蚕官五鬼诸鬼神众
水陆画轴

No 1401092180001610010959
藏 山西博物院
原 63.B.1104
级 一级
类 书法、绘画
代 明
cm 纵 116，横 61
源 1955 年从山西省右玉县宝宁寺征集
入 1963 年

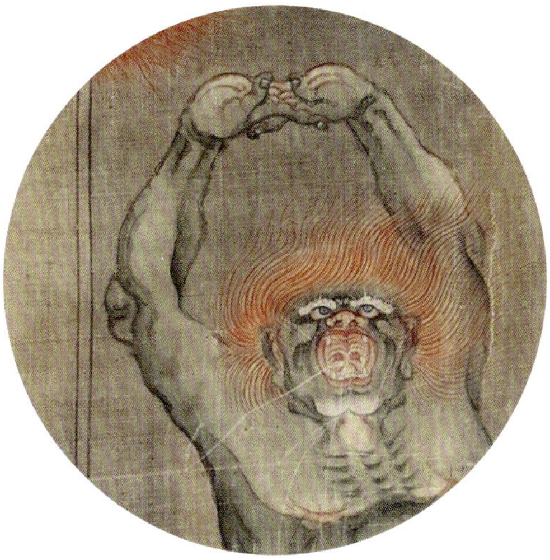

明 鹤神雌神雄神火血身黄血刃刀砧七煞诸神众水陆画轴

No 14010921800016l0010958

藏 山西博物院

原 63.B.1105

级 一级

类 书法、绘画

代 明

cm 纵 117，横 63

源 1955 年从山西省右玉县宝宁寺征集

入 1963 年

右第三十二鶴神雌神雄神火血
身黄血刃刀砧七煞諸神衆

明 年禁月禁太白岁煞官符土后土伯幢命诸神众水陆画轴

- No 1401092180001610010957
- 藏 山西博物院
- 原 63.B.1106
- 级 一级
- 类 书法、绘画
- 代 明
- cm 纵 118，横 63
- 源 1955 年从山西省右玉县宝宁寺征集
- 入 1963 年

右第三十三年禁月禁太白歲
煞官符土右土伯憧命諸神衆

明 吊客丧门大耗小耗宅龙诸神众水陆画轴

- No 140109218000161001 0956
- 藏 山西博物院
- 原 63.B.1107
- 级 一级
- 类 书法、绘画
- 代 明
- cm 纵 117，横 62
- 源 1955 年从山西省右玉县宝宁寺征集
- 入 1963 年

右第三十四吊客喪門
大耗小耗宅龍諸神衆

明 护国护民城隍社庙土地殿塔伽蓝等众水陆画轴

No 1401092180001610010955

藏 山西博物院

原 63.B.1108

级 一级

类 书法、绘画

代 明

cm 纵 117，横 62

源 1955 年从山西省右玉县宝宁寺征集

入 1963 年

右第三十五護國護民城隍
社廟土地殿塔伽藍普衆

明 地藏菩萨秦广楚江宋帝五官水陆画轴

- No 140109218000161001 0954
- 藏 山西博物院
- 原 63.B.1109
- 级 一级
- 类 书法、绘画
- 代 明
- cm 纵 117，横 62
- 源 1955 年从山西省右玉县宝宁寺征集
- 入 1963 年

明 阎罗变成泰山平等都市转轮大王众水陆画轴

No 1401092180001610010953

藏 山西博物院

原 63.B.1110

级 一级

类 书法、绘画

代 明

cm 纵 117，横 62

源 1955 年从山西省右玉县宝宁寺征集

入 1963 年

右第三十七閻羅天
子泰山平等都
市轉輪大王衆

明 地府六曹四司判官 地府都司官水陆画轴

No 1401092180001610010952
藏 山西博物院
原 63.B.1111
级 一级
类 书法、绘画
代 明
cm 纵 118，横 61
源 1955 年从山西省右玉县宝宁寺征集
入 1963 年

右第三十八地府六曹
四司判官地府都司

明 地府五道将军等众水陆画轴

No 1401092180001610010951

藏 山西博物院

原 63.B.1112

级 一级

类 书法、绘画

代 明

cm 纵 116，横 61

源 1955 年从山西省右玉县宝宁寺征集

入 1963 年

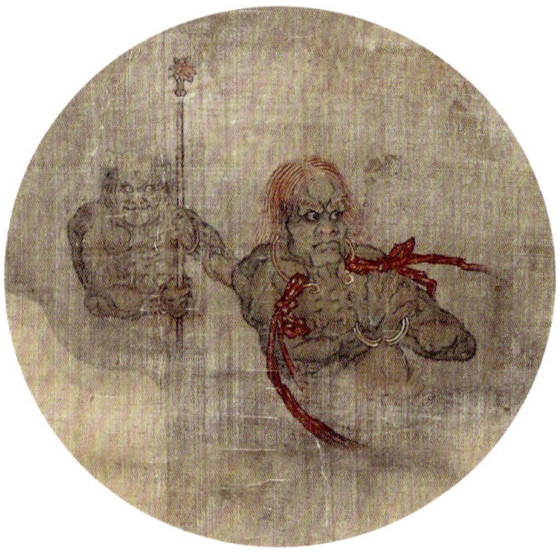

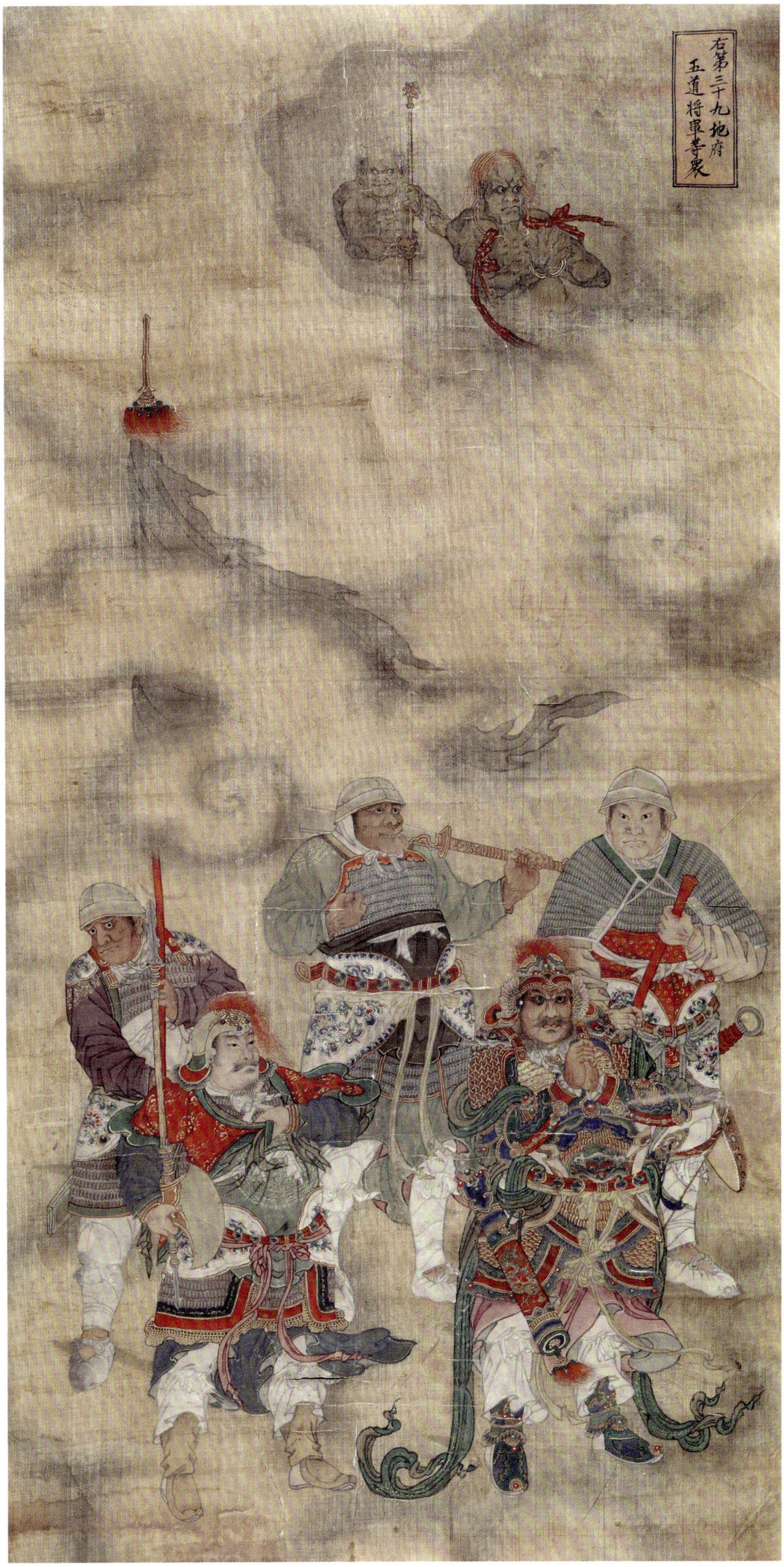
右第三十九地府
五道将軍等衆

明 善恶二部牛头阿傍诸官众水陆画轴

- No 1401092180001610010950
- 藏 山西博物院
- 原 63.B.1113
- 级 一级
- 类 书法、绘画
- 代 明
- cm 纵 118，横 61
- 源 1955 年从山西省右玉县宝宁寺征集
- 入 1963 年

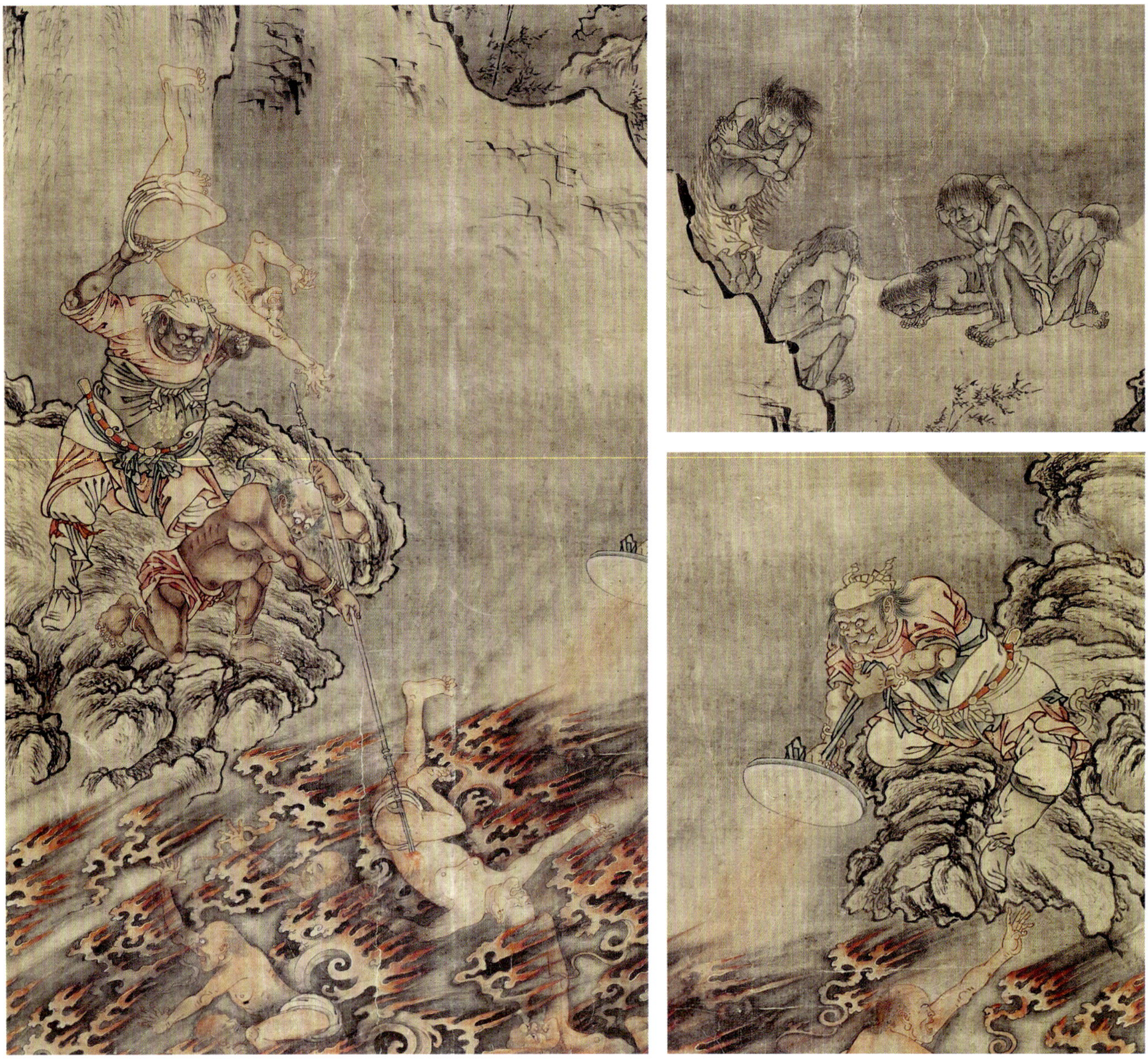

明 八寒八热诸地狱孤魂众水陆画轴

No 1401092180001610010949

藏 山西博物院

原 63.B.1114

级 一级

类 书法、绘画

代 明

cm 纵 118，横 61

源 1955 年从山西省右玉县宝宁寺征集

入 1963 年

右第四十一八寒八熱
諸地獄孤魂衆

明 近边孤独地狱屋倒墙崩等众水陆画轴

No 14010921800016100109 48

藏 山西博物院

原 63.B.1115

级 一级

类 书法、绘画

代 明

cm 纵 117，横 61

源 1955 年从山西省右玉县宝宁寺征集

入 1963 年

右第四十二近邊孤
獨地獄等衆
屋倒墻崩

明 起教大师面然鬼王众水陆画轴

No 1401092180001610010947
藏 山西博物院
原 63.B.1116
级 一级
类 书法、绘画
代 明
cm 纵 117，横 61
源 1955 年从山西省右玉县宝宁寺征集
入 1963 年

右第四十三起教大
師面然鬼王衆

明 主病鬼王五瘟使者众水陆画轴

No 1401092180001610010946
藏 山西博物院
原 63.B.1117
级 一级
类 书法、绘画
代 明
cm 纵 117，横 61
源 1955 年从山西省右玉县宝宁寺征集
入 1963 年

右第四十四主病鬼
王五瘟使者衆

明 大腹臭毛针咽巨口饥火炽然鬼魂众水陆画轴

No 1401092180001610010940

藏 山西博物院

原 63.B.1123

级 一级

类 书法、绘画

代 明

cm 纵 118，横 61

源 1955 年从山西省右玉县宝宁寺征集

入 1963 年

明 孤魂水陆画轴

No 1401092180001610010920
藏 山西博物院
原 63.B.1143
级 一级
类 书法、绘画
代 明
cm 纵 105，横 61
源 1955 年从山西省右玉县宝宁寺征集
入 1963 年

明 六道四生一切有情精魂众水陆画轴

No 1401092180001610010933

藏 山西博物院

原 63.B.1130

级 一级

类 书法、绘画

代 明

cm 纵 115，横 61

源 1955 年从山西省右玉县宝宁寺征集

入 1963 年

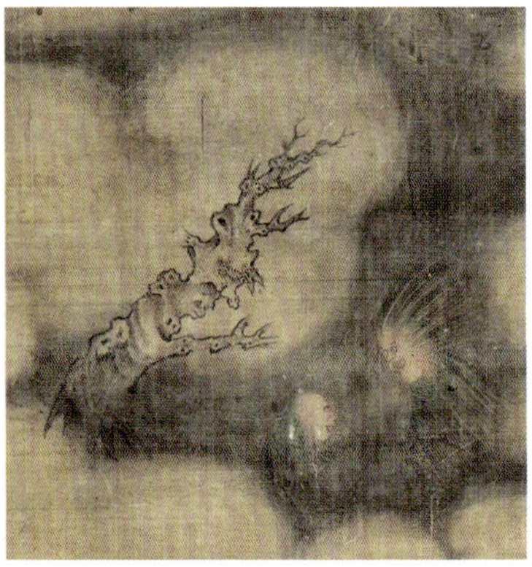

右第五十九六道四生
一切有情精魂衆

明 往古帝王一切太子王子等众水陆画轴

No 14010921800016100110007

藏 山西博物院

原 63.B.1056

级 一级

类 书法、绘画

代 明

cm 纵 118，横 62

源 1955 年从山西省右玉县宝宁寺征集

入 1963 年

一切太子王子等衆
左第四十七往古帝王

明 往古妃后宫嫔婇女等众水陆画轴

- No 1401092180001610011006
- 藏 山西博物院
- 原 63.B.1057
- 级 一级
- 类 书法、绘画
- 代 明
- cm 纵 118，横 62
- 源 1955 年从山西省右玉县宝宁寺征集
- 入 1963 年

明 往古文武官僚宰辅众水陆画轴

No 1401092180001610011005
藏 山西博物院
原 63.B.1058
级 一级
类 书法、绘画
代 明
cm 纵 116，横 61
源 1955 年从山西省右玉县宝宁寺征集
入 1963 年

武官僚宰輔衆
左第四十九往古文

明 往古为国亡躯一切将士众水陆画轴

No 1401092180001610011004

藏 山西博物院

原 63.B.1059

级 一级

类 书法、绘画

代 明

cm 纵 121，横 61

源 1955 年从山西省右玉县宝宁寺征集

入 1963 年

國亡軀一切將士衆
左第五十往古爲

明 往古比丘众水陆画轴

No 14010921800016100110003

藏 山西博物院

原 63.B.1060

级 一级

类 书法、绘画

代 明

cm 纵 118，横 61

源 1955 年从山西省右玉县宝宁寺征集

入 1963 年

明 往古比丘尼女冠优婆塞优婆夷诸士等众水陆画轴

No 14010921800016100110O2

藏 山西博物院

原 63.B.1061

级 一级

类 书法、绘画

代 明

cm 纵 116，横 61

源 1955 年从山西省右玉县宝宁寺征集

入 1963 年

左第五十二往古比丘尼女
冠優婆塞優婆夷諸
士等衆

明 往古道士升霞烧丹未明众水陆画轴

No 1401092180001610011001
藏 山西博物院
原 63.B.1062
级 一级
类 书法、绘画
代 明
cm 纵 119，横 61
源 1955 年从山西省右玉县宝宁寺征集
入 1963 年

士餐霞烧丹未明衆
左第五十三往古道

明 往古儒流贤士丹青撰文众水陆画轴

No 1401092180001610011000

藏 山西博物院

原 63.B.1063

级 一级

类 书法、绘画

代 明

cm 纵 118，横 62

源 1955 年从山西省右玉县宝宁寺征集

入 1963 年

賢士丹青摸文泉
第五十四往古儒流

明 往古孝子顺孙等众水陆画轴

No 14010921800016100 10999

藏 山西博物院

原 63.B.1064

级 一级

类 书法、绘画

代 明

cm 纵 118，横 62

源 1955 年从山西省右玉县宝宁寺征集

入 1963 年

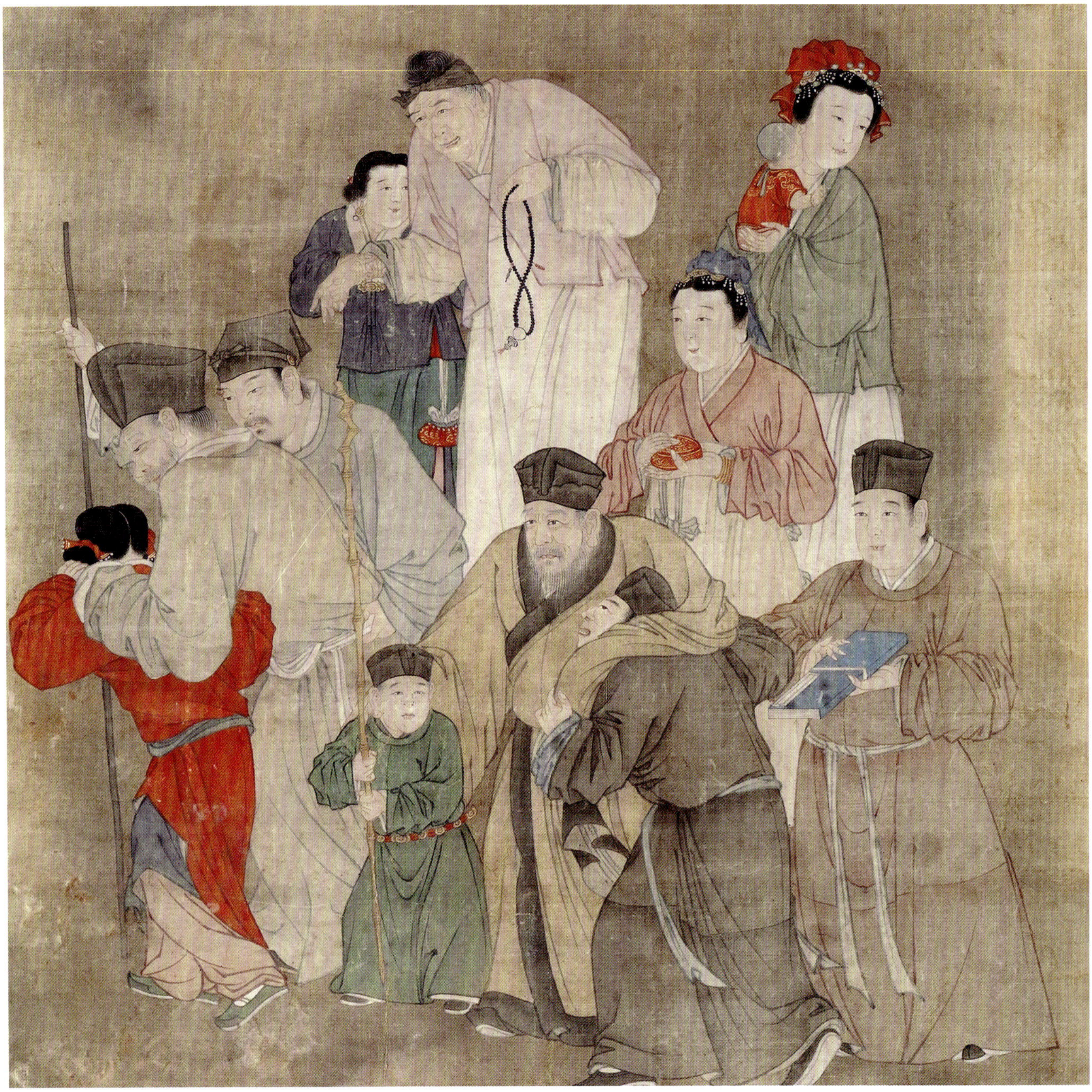

孝子顺孙等众
左第五十伍位古

明 往古三贞九烈贤妇烈女孤魂众水陆画轴

No 14010921800016100109998

藏 山西博物院

原 63.B.1065

级 一级

类 书法、绘画

代 明

cm 纵 118，横 61

源 1955 年从山西省右玉县宝宁寺征集

入 1963 年

烈賢婦烈女孫兗衆
第五十六往古三真九

明 往古九流百家诸士艺术众水陆画轴

- No 140109218000161001099 7
- 藏 山西博物院
- 原 63.B.1066
- 级 一级
- 类 书法、绘画
- 代 明
- cm 纵 119，横 63
- 源 1955 年从山西省右玉县宝宁寺征集
- 入 1963 年

百家諸士藝術衆
第五十七往古九流

明 往古雇典婢奴弃离妻子孤魂众水陆画轴

No 1401092180001610010996

藏 山西博物院

原 63.B.1067

级 一级

类 书法、绘画

代 明

cm 纵 118，横 61

源 1955 年从山西省右玉县宝宁寺征集

入 1963 年

孤冤衆
典婢奴

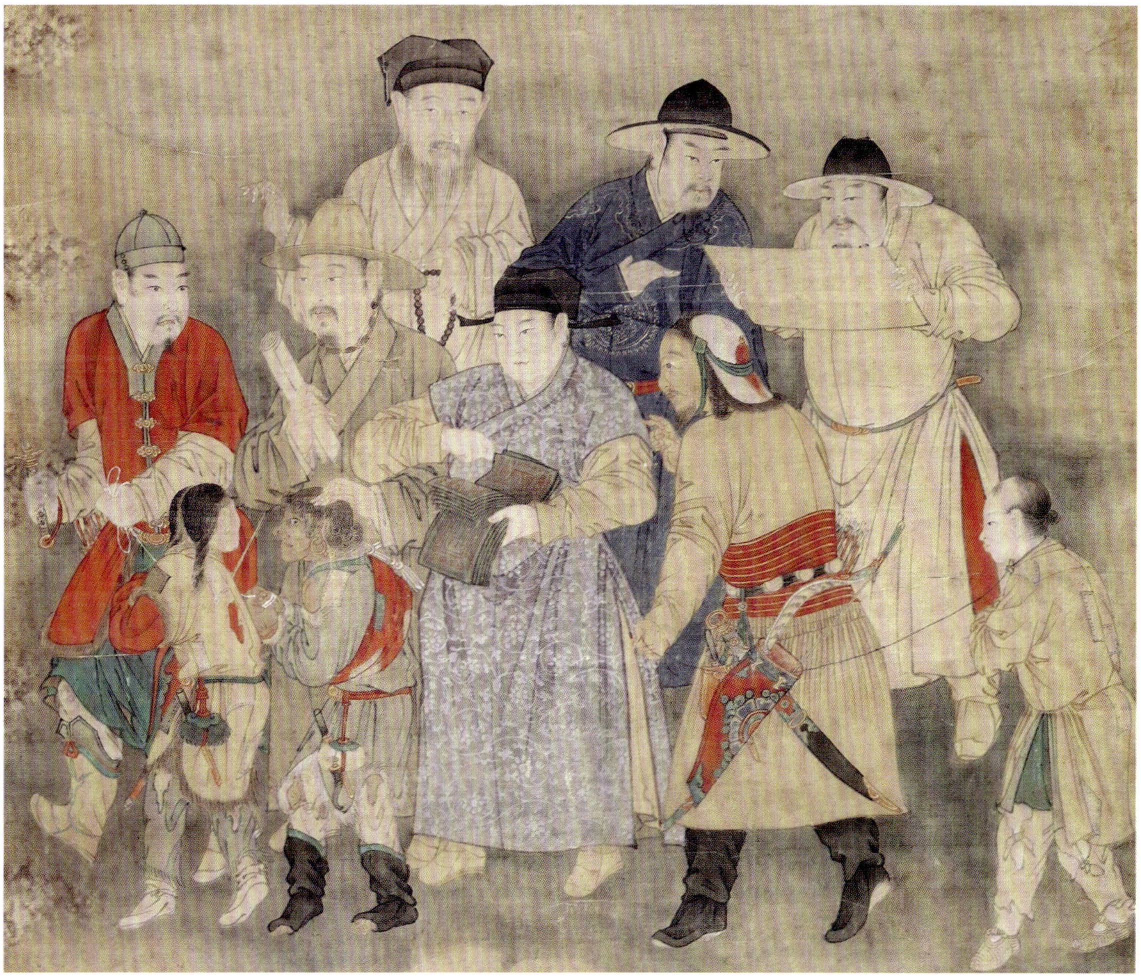

明 饥荒殍饿病疾缠绵自刑自缢众水陆画轴

No 14010921800016100 10945

藏 山西博物院

原 63.B.1118

级 一级

类 书法、绘画

代 明

cm 纵 117，横 61

源 1955 年从山西省右玉县宝宁寺征集

入 1963 年

右第四十五饑荒殍
餓病疾纏綿自刑自縊衆

明 依草附木树折崖摧针灸病患众水陆画轴

- No 140109218000161001094 4
- 藏 山西博物院
- 原 63.B.1119
- 级 一级
- 类 书法、绘画
- 代 明
- cm 纵 118，横 60
- 源 1955 年从山西省右玉县宝宁寺征集
- 入 1963 年

右第四十六依草附木
樹折崖摧鍼灸病患衆

明 枉滥无辜衔冤报屈一切孤魂众水陆画轴

No 1401092180001610010943

藏 山西博物院

原 63.B.1120

级 一级

类 书法、绘画

代 明

cm 纵 117，横 60

源 1955 年从山西省右玉县宝宁寺征集

入 1963 年

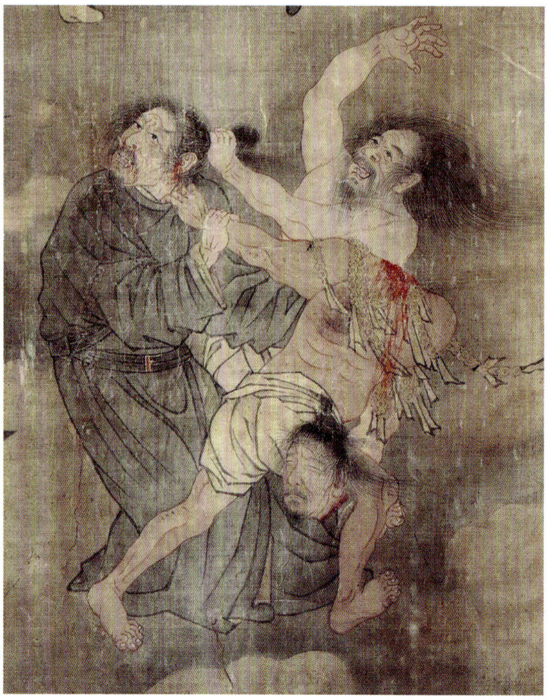

右第四十七枉濫無辜銜
寃報屈一切孤魂衆

明 赴刑都市幽死狴牢鬼魂众水陆画轴

- No 1401092180001610010942
- 藏 山西博物院
- 原 63.B.1121
- 级 一级
- 类 书法、绘画
- 代 明
- cm 纵 117，横 62
- 源 1955 年从山西省右玉县宝宁寺征集
- 入 1963 年

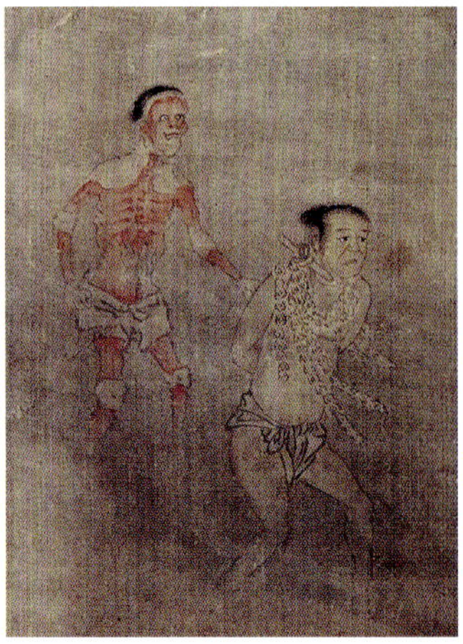

右第四十九赴刑都市
幽死狴牢鬼竟衆
定民坊
何家川廣生藥雜物等鋪
开民坊

明 兵戈盗贼诸孤魂众水陆画轴

- No 1401092180001610010941
- 藏 山西博物院
- 原 63.B.1122
- 级 一级
- 类 书法、绘画
- 代 明
- cm 纵 116，横 61
- 源 1955 年从山西省右玉县宝宁寺征集
- 入 1963 年

明 火焚屋宇军阵伤残等众水陆画轴

No 14010921800016100109393

藏 山西博物院

原 63.B.1124

级 一级

类 书法、绘画

代 明

cm 纵 117，横 61

源 1955 年从山西省右玉县宝宁寺征集

入 1963 年

右第五十三火焚屋
宇軍陣傷殘等衆

明 仇冤报恨兽咬虫伤孤魂众水陆画轴

- No 1401092180001610010938
- 藏 山西博物院
- 原 63.B.1125
- 级 一级
- 类 书法、绘画
- 代 明
- cm 纵 117，横 62
- 源 1955 年从山西省右玉县宝宁寺征集
- 入 1963 年

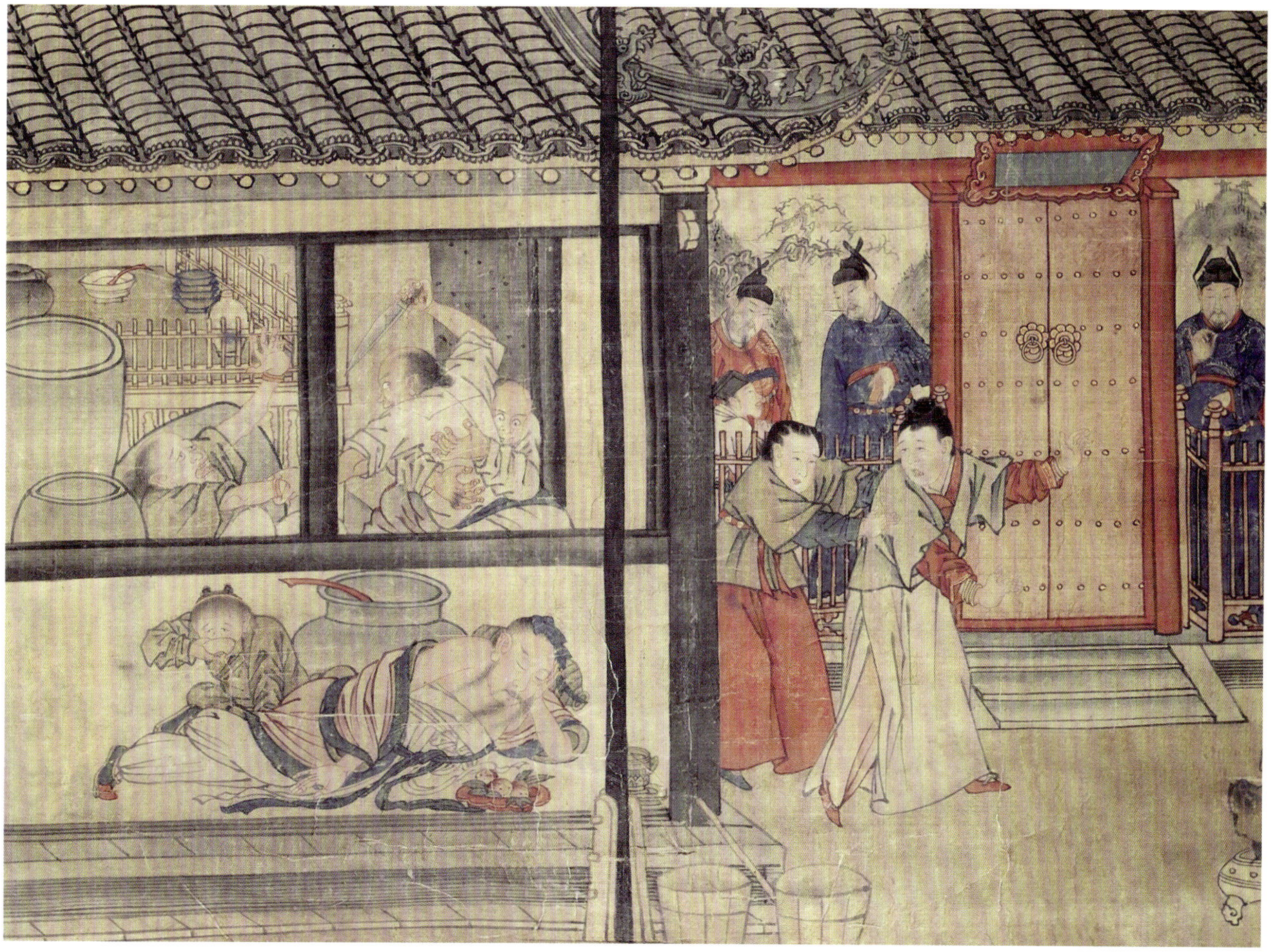

明 堕胎产亡严寒大暑孤魂众水陆画轴

No 1401092180001610010937

藏 山西博物院

原 63.B.1126

级 一级

类 书法、绘画

代 明

cm 纵 118，横 62

源 1955 年从山西省右玉县宝宁寺征集

入 1963 年

右第五十五墮胎產亡
嚴寒大暑孤魂衆
雙牌十里
輕避重避先

明 误死针医横遭毒药严寒众水陆画轴

No 14010921800016100109 36

藏 山西博物院

原 63.B.1127

级 一级

类 书法、绘画

代 明

cm 纵 118，横 62

源 1955 年从山西省右玉县宝宁寺征集

入 1963 年

右第五十六悮死鍼醫
横遭毒藥嚴寒衆

明 身殂道路客死他乡 水漂荡灭众水陆画轴

No 14010921800016100109 35

藏 山西博物院

原 63.B.1128

级 一级

类 书法、绘画

代 明

cm 纵 117，横 61

源 1955 年从山西省右玉县宝宁寺征集

入 1963 年

右第五十七身殂道路
客死他鄉水漂蕩孤泉

明 一切巫师神女散乐伶官族横亡魂诸鬼众水陆画轴

No 1401092180001610010934
藏 山西博物院
原 63.B.1129
级 一级
类 书法、绘画
代 明
cm 纵 118，横 61
源 1955 年从山西省右玉县宝宁寺征集
入 1963 年

右第五十八一切巫師神女散
樂伶官族橫亡魂諸鬼衆

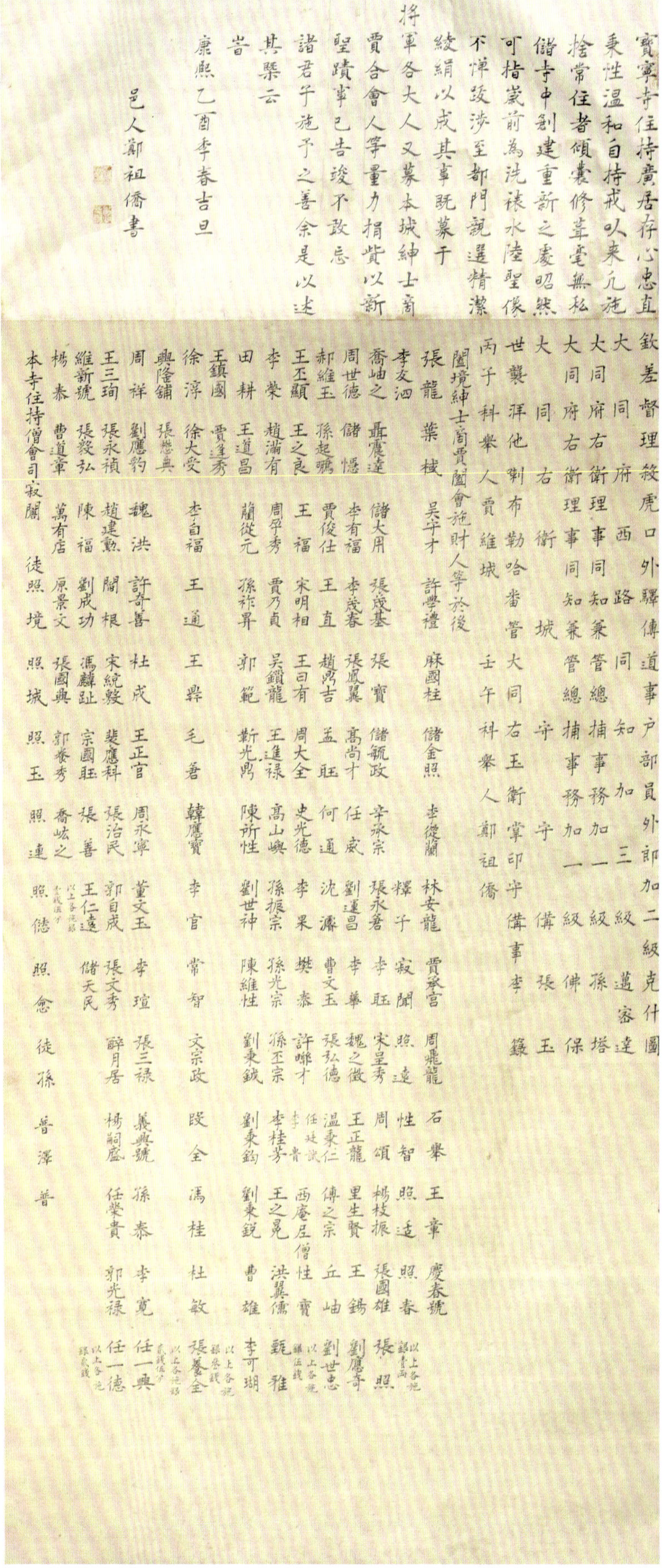

寶寧寺住持廣居存心忠直秉性温和自持戒以來凡施捨常住者傾囊修葺毫無私儲寺中創建重新之處昭然可指歲前為洗裱水陸聖像不憚跋涉至都門親選精潔綾絹以成其事既募于將軍各大人又募本城紳士商賈合會人等量力捐貲以新聖蹟事已告竣不敢忘諸君子施予之善余是以述其槩云

旹康熙乙酉季春吉旦

邑人鄭祖僑書

欽差督理殺虎口外驛傳道事戶部員外郎加二級克什圖
大同府西路同知加三級邁客達
大同府右衛理事同知兼管總捕事務加一級孫塔
大同府右衛理事同知兼管總捕事務加一級佛保
大同右衛城守備張玉
世襲洋他喇布勒哈番管大同右玉衛掌印守備事李鑅
丙子科舉人貢維城　壬午科舉人鄭祖僑
闔境紳士商賈闔會施財人等於後
張龍　葉棫　吴守才　許學禮　麻國柱　儲金照　李從蘭　林安龍　賈承宮　周鼎龍　石舉　王章　慶春號
李友泗　糧子　寂聞　照遠　性智　照适　照春　以上各施銀壹兩
喬岫之　聶震達　儲大用　張茂基　張寶　儲毓政　辛承宗　張永耆　李旺　宋呈秀　周頌　楊枝振　張國雄　張照
周世德　儲慴　李有福　李茂春　張鳳翼　高尚才　任威　劉運昌　李華　魏之徵　王正龍　里生賢　王錫　劉應奇
郝維玉　孫起鵬　賈俊仕　王直　趙鳴吉　孟旺　何通　沈濂　曹文玉　張弘德　溫秉仁　傅之宗　丘岫　劉世忠　以上各施銀伍錢
王丕顯　王之良　王福　宋明相　王曰有　周大全　史光德　李果　樊泰　許嘛才　任廷試　李貴　西庵居僧性寶　甄雅
李榮　趙滿有　周孚秀　賈乃貞　吳鑽龍　王進祿　高山嶼　孫振宗　孫光宗　孫丕宗　李桂芳　王之晃　洪翼儒
田耕　王道昌　藺從元　孫祚昇　郭範　靳光罡　陳所性　劉世神　陳維性　劉秉鉞　劉秉鈞　劉秉銳　曹雄　李可瑚
王鎮國　賈逢秀
徐淳　徐大受　李自福　王通　王彝　毛善　韓應寶　李官　常智　文宗政　段全　馮桂　杜敏　張養全　以上各施銀叁錢
興隆舖　張懋典
周祥　劉應豹　魏洪　許奇善　杜成　王正官　周永寧　董文玉　李瑄　張三祿　義興號　孫泰　李寬　任一興　以上各施銀貳錢伍分
王三珣　張永禎　趙建勳　閻根　宋統䡖　裴應科　張治民　郭自成　張文秀　醉月居　楊嗣盛　任滎貴　郭光祿　任一德　以上各施銀貳錢
維新號　張發弘　陳福　劉成功　馮麟趾　宗國旺　張善　王仁遠　以上各施銀壹錢伍分　儲天民
楊泰　曹道章　萬有店　原景文　張國興　郭養秀　喬岵之
本寺住持僧會司寂闌　徒照境　照城　照玉　照連　照德　照念　徒孫　普澤　普普

清　康熙四十四年宝宁寺水陆画重裱题记轴

No 14010921800016100109l9

藏 山西博物院

原 63.B.1144

级 一级

类 书法、绘画

代 清康熙四十四年（1705）

cm 纵 147，横 58

源 1955 年从山西省右玉县宝宁寺征集

入 1963 年

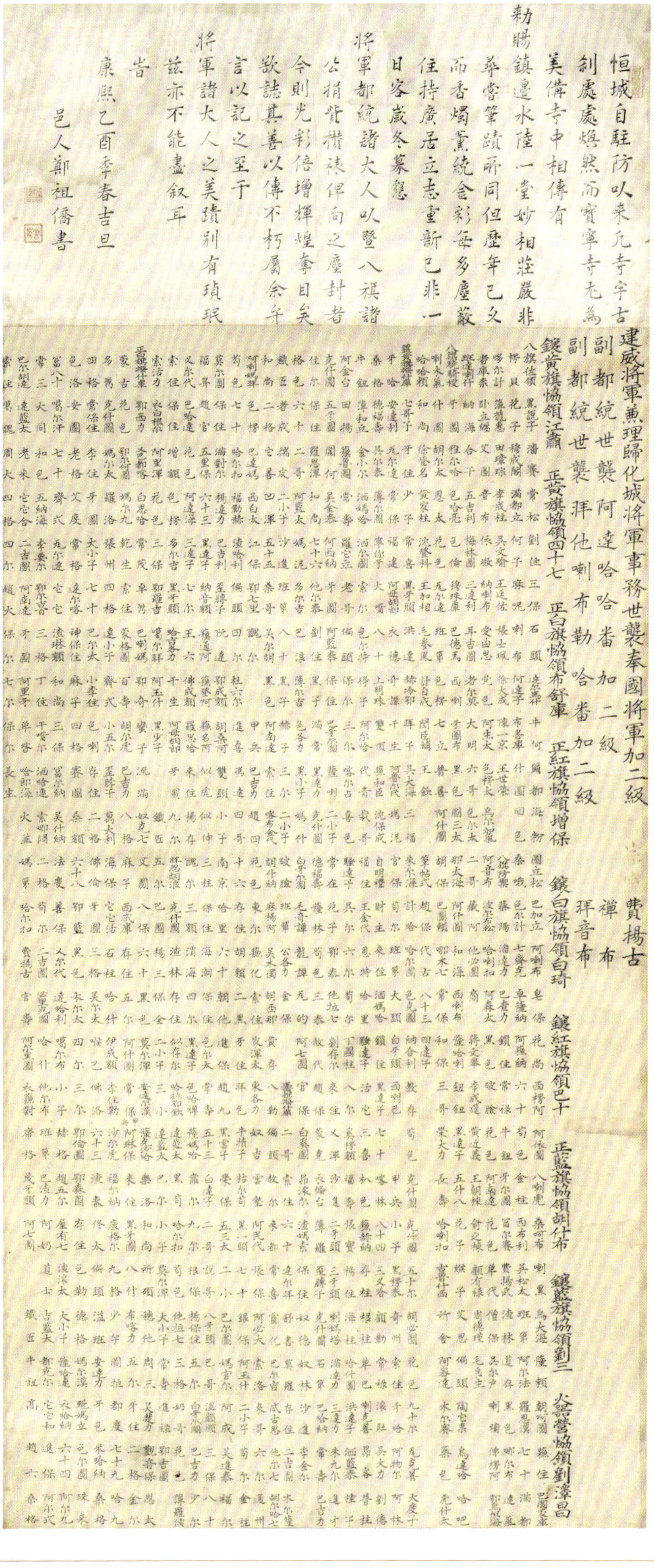

清 康熙四十四年宝宁寺水陆画重裱题记轴

- No 140109218000161001O918
- 藏 山西博物院
- 原 63.B.1145
- 级 一级
- 类 书法、绘画
- 代 清康熙四十四年（1705）
- cm 纵 147，横 57
- 源 1955 年从山西省右玉县宝宁寺征集
- 入 1963 年

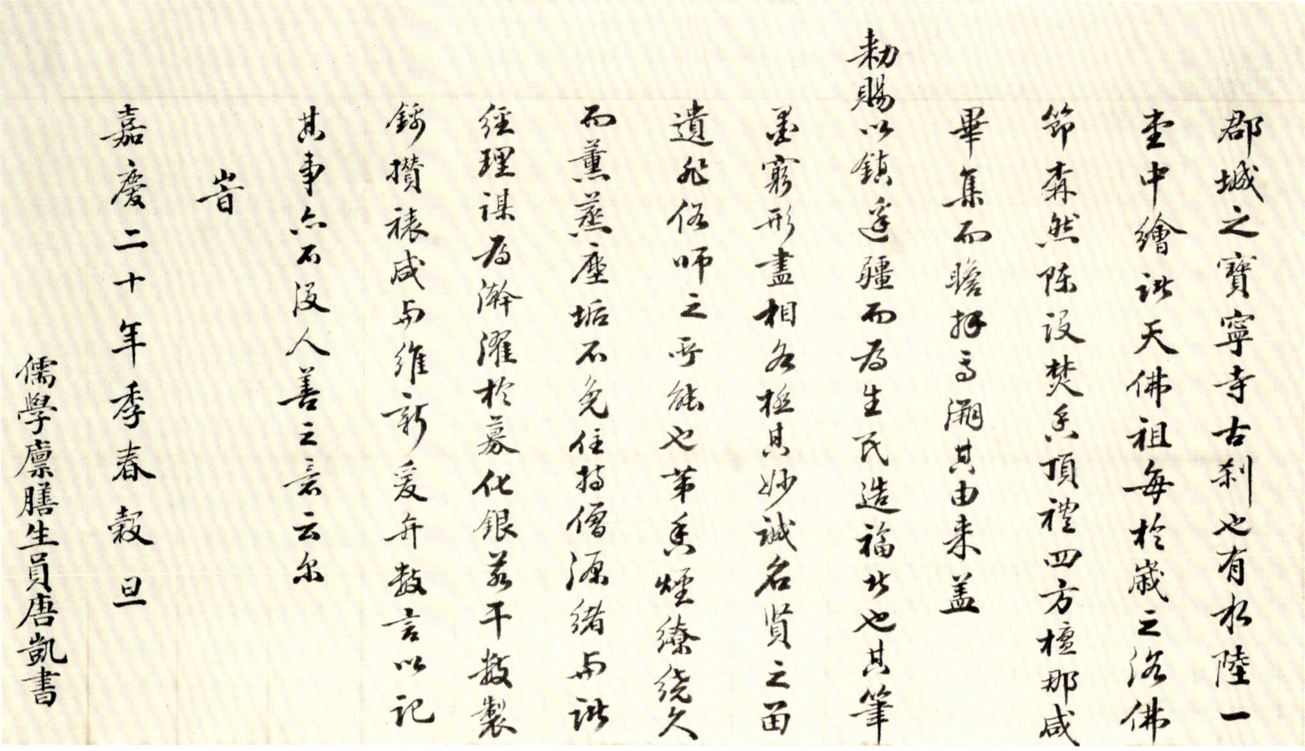
郡城之寶寧寺古刹也有水陸一
堂中繪諸天佛祖每於歲之除佛
節森然陳設梵瓦頂禮四方檀那咸
畢集而瞻拜焉溯其由来蓋
勅賜以鎮邊疆而為生民造福者也其筆
墨窮形盡相各極其妙識名賢之面
遺於俗師之手然也第兵燹繚繞久
而薰蒸塵垢不免住持僧源緒与諸
經理謀為滌濯於募化銀若干數裝
錦攢裱咸与維新爰弁數言以記
其事亦不沒人善之意云尔
旨
嘉慶二十年季春穀旦
儒學廪膳生員唐凱書

清 嘉庆二十年宝宁寺水陆画重裱题记轴

No 1401092180001610010917

藏 山西博物院

原 63.B.1146

级 一级

类 书法、绘画

代 清嘉庆二十年（1815）

cm 纵 144，横 61

源 1955 年从山西省右玉县宝宁寺征集

入 1963 年